BEI GRIN MACHT SICH IHR WISSEN BEZAHLT

AF166916

- Wir veröffentlichen Ihre Hausarbeit, Bachelor- und Masterarbeit

- Ihr eigenes eBook und Buch - weltweit in allen wichtigen Shops

- Verdienen Sie an jedem Verkauf

Jetzt bei www.GRIN.com hochladen und kostenlos publizieren

Bibliografische Information der Deutschen Nationalbibliothek:

Die Deutsche Bibliothek verzeichnet diese Publikation in der Deutschen National-
bibliografie; detaillierte bibliografische Daten sind im Internet über http://dnb.d-
nb.de/ abrufbar.

Impressum:

Copyright © 2010 GRIN Verlag, Open Publishing GmbH
Druck und Bindung: Books on Demand GmbH, Norderstedt Germany
ISBN: 9783656892397

Dieses Buch bei GRIN:

http://www.grin.com/de/e-book/147584/laura-ingalls-die-erste-amerikanerin-die-
ueber-suedamerika-flog

Ernst Probst

Laura Ingalls. Die erste Amerikanerin, die über Südamerika flog

GRIN Verlag

GRIN - Your knowledge has value

Der GRIN Verlag publiziert seit 1998 wissenschaftliche Arbeiten von Studenten, Hochschullehrern und anderen Akademikern als eBook und gedrucktes Buch. Die Verlagswebsite www.grin.com ist die ideale Plattform zur Veröffentlichung von Hausarbeiten, Abschlussarbeiten, wissenschaftlichen Aufsätzen, Dissertationen und Fachbüchern.

Besuchen Sie uns im Internet:

http://www.grin.com/

http://www.facebook.com/grincom

http://www.twitter.com/grin_com

Ernst Probst

Laura Ingalls

Die erste Amerikanerin,
die über
Südamerika flog

Cris Takacs,
Collections Manager,
International Women's Air & Space Museum,
Burke Lakefront Airport,
Cleveland in Ohio (USA),
gewidmet

Laura Ingalls (1893–1967)
Foto: Archiv International Women's Air & Space Museum,
Burke Lakefront Airport,
Cleveland in Ohio (USA)

Amerikanische Rekordfliegerin Laura Ingalls.
Foto: San Diego Air and Space Museum Archive
(via Wikimedia Commons)
http://www.flickr.com/photos/sdasmarchives/4729134272/sizes/
o/in/photostream

Eine berühmte amerikanische Rekordfliegerin der 1930-er Jahre war Laura Ingalls (1893–1967). Zu ihren Rekorden gehörten der längste Alleinflug, der von einer Frau zurückgelegt wurde, der erste Alleinflug einer Frau von Nordamerika nach Südamerika, der erste Alleinflug rund um Südamerika, der erste Flug über Südamerika und der erste Flug einer Amerikanerin über die Anden. Wegen ihrer Sympathie für Nazi-Deutschland und als verurteilte Nazi-Spionin schätzte man sie in ihrem Heimatland nicht besonders.

Laura Houghtaling Ingalls kam am 14. Dezember 1893 in Brooklyn (New York City) zur Welt. Als erwachsene Frau gab sie später 1901 als ihr Geburtsjahr an, wohl um sich acht Jahre jünger zu machen. In manchen Biografien wird deshalb 1901 als ihr Geburtsjahr bezeichnet, gelegentlich auch 1902. Mit der bekannten amerikanischen Schriftstellerin Laura Ingalls Wilder (1867–1957) ist sie nicht verwandt gewesen.

Der Vater von Laura hieß Francis Abbott Ingalls I. (1857 geboren) und war ein Cousin des Bankiers, Eisenbahn- und Minen-Barons William Crocker (1861–1937). Die Mutter Martha Houghtaling (1865 geboren, 1891 verheiratet) stammte aus einer angesehenen Familie. Sie war eine Tochter von David Harrison Houghtaling (1834–1913) aus Kingston (New York), ein Nachfahre des niederländischen Pioniers Jan Willemsen Hoogteling (1615–1702), der am 9. Mai 1661 in New York ankam. New York gehörte damals zur niederländischen Kolonie Niew Nederland (Neu-Niederlande).

Laura's am 19. Februar 1895 in Brooklyn geborener Bruder Francis Abbott Ingalls II wurde später Offizier und heiratete am 19. September 1926 Mabel Morgan Satterlee (1901–1993). Letztere war eine Tochter von Herbert Livingston Satterlee (1863–1947) und Louisa Pierpont Morgan (1866–1946), der

Laura Ingalls in Fliegerkluft
vor ihrem Flugzeug.
Foto: San Diego Air and Space Museum Archive
(via Wikimedia Commons)
http://www.flickr.com/photos/sdasmarchives/4729134014/

Enkelin des erfolgreichen amerikanischen Finanzmannes John Pierpont („JP") Morgan (1867–1943).

Die kranke Mutter von Laura Ingalls besaß allerlei negative Charaktereigenschaften. Ihre Eltern hatten sie verwöhnt, für wunderschön gehalten und ihr alles erlaubt. Martha Houghtaling war extrem emotional und besaß keine Selbstdisziplin, aber sie hatte auch das Talent, Schwierigkeiten zu meistern und Unmögliches zu erreichen. Letzteres beinflusste auch das Leben von Laura.

Die musikalisch und sprachlich begabte Laura Ingalls besuchte Privatschulen in New York City, Wien und Paris. Irgendwann beherrschte sie sieben Sprachen Eine Zeitlang arbeitete sie als Konzertpianistin, Krankenschwester, Sekretärin, Balletttänzerin und Schauspielerin.

Im Alter von 35 Jahren flog Laura Ingalls am 23. Dezember 1928 auf dem Flugplatz „Roosevelt Field" in Mineola auf Long Island (New York) erstmals allein und erwarb die private Fluglizenz. Im Juni 1929 meldete sie sich auf dem Flugplatz „Lambert Field" in Saint Louis (Missouri) bei der Flugschule „Universal Flying School" an. Vom US-Handelsministerium erhielt sie im September 1929 eine kommerzielle Fluglizenz und am 12. April 1930 als erste Amerikanerin eine Transportlizenz. Für letztere Lizenz musste man den „Blindflug" („Instrumentenflug") beherrschen.

Laut Volkszählung („U.S.-Census") wohnte Laura Ingalls 1930 unter der Adresse „5313 Pershing avenue" in Saint Louis Missouri. Für ihr Apartment zahlte sie monatlich 50 US-Dollar Miete. Als Beruf gab sie „Sekretärin in der Luftfahrt-Industrie" an. Ihre Maschine stand auf dem Flugplatz „Lambert Field".

Auf der englischsprachigen Internetseite „Find a Grave" liest man unter einer Zeichnung „Laura Ingalls, the tiniest woman

pilot of the world weighs 100 pound". Wenn dies zuträfe,
wäre Ingalls nur 45 Kilogramm schwer gewesen.

In den 1930-er Jahren sorgte Laura Ingalls immer wieder mit
ungewöhnlichen fliegerischen Leistungen für großes Aufsehen.
Am 4. Mai 1930 brach sie auf dem Flugplatz „Lambert Field"
in Saint Louis mit ihrer Maschine des Typs „De Havilland
Gipsy Moth" („Motte") den Looping-Rekord für Frauen: Sie
schaffte 344 fortlaufende Loopings, bisheriger Rekord nur 47
Loopings. Danach erzählte sie Reportern, sie sei „schrecklich
enttäuscht", dass 66 zusätzliche Loopings nicht offiziell
gewertet werden konnten, weil sie anhalten musste, um
Treibstoff aus einem Vorratsbehälter zu pumpen. Einen Tag
später berichtete die „New York Times": „Laura Ingalls Makes
344 Loops in a Row". Auf dem neuen Flughafen „Hatbox-
Municipal Airport" in Muskogee (Oklahoma) stellte sie am
26. Mai 1930 mit 980 Loopings einen Rekord auf. Am 13.
August 1930 gelang ihr in Saint Louis mit 714 fortlaufenden
Rollen ein Weltrekord für Männer und Frauen. Im Vorjahr
hatte eine Frau 67 Rollen und ein Mann 417 Rollen geflogen.
Die „New York Times" meldete einen Tag danach: „Laura
Ingalls Rolls Plane 714 Times". Beim „Women's Dixie Derby"
im August/September 1930 flog sie von Washington D.C. nach
Chicaco (Illinois), erreichte den dritten Platz und erhielt 800
US-Dollar Preisgeld.

Im Oktober 1930 glückte Laura Ingalls beim ersten „Women's
Transcontinental round trip" vom „Roosevelt Field" in Mi-
neola auf Long Island (New York) zum „Grand Central Air
Terminal" in Glendale (Kalifornien) und zurück ein weiterer
Rekord. In einer „De Havilland Gipsy Moth" schaffte den
Hinflug in 30 Stunden 25 Minuten und den Rückflug in 25
Stunden 20 Minuten.

Mit einer Maschine des Typs „Stinson" flog Laura Ingalls am 30. April 1933 beim „Tailwind Club Air Derby" in 67 Minuten von Valley Stream auf Long Island (New York) nach Atlantic City (New Jersey). Einem Bericht der „New York Times" zufolge, teilte sie den ersten Platz mit dem Piloten Richard Schnackenberg aus New York City.

Am 28. Februar 1934 startete Laura Ingalls vom Flugplatz „North Beach Airport" in Jackson Heights, einem Stadtteil von New York City, mit ihrer „Lockheed Air Express" zu einem Flug nach Südamerika. Dieser Flugplatz hatte zuerst „Curtiss Field" (nach dem Flugpionier Glenn Curtiss (1878–1930) benannt) geheißen, wurde umbenannt in „North Beach Airport" und trug später den Namen „LaGuardia Airport" (nach dem langjährigen Bürgermeister Fiorello Enrico „Henry" LaGuardia (1882–1947) von New York City). Am 8. März 1934 flog Ingalls von Miami (Florida) nach Havanna (Kuba), dann über die Karibik nach Merida (Yucatan) und schließlich über Zentralamerika nach „France Field" in Cristóbal (Panama). Es folgte am 13. März 1934 ein Nonstop-Flug von „France Field" nach Talara (Peru). Diese Strecke war 1.296 Meilen lang (umgerechnet rund 2.000 Kilometer), von denen 460 Meilen über Wasser führten. Die Fortsetzung des Fluges ging entlang der Westküste von Südamerika nach Santiago (Chile), wo sie am 19. März 1934 landete. Ein weiteres Meisterstück dieses Fluges folgte am 21. März 1934: An diesem Tag überquerte Laura Ingalls in einer Höhe von etwa 18.000 Fuß (umgerechnet rund 5.400 Meter) über dem Uspallata-Pass zwischen Santiago de Chile und Mendoza (Argentinien) die Anden. Vor ihr hatte 1921 die Französin Adrienne Bolland (1895–1975) dieses Kunststück geschafft. Am 17. April 1934 landete sie in Trinidad und Tobago, am 19. April in San Juan

Französische Fliegerin Adrienne Bolland (1895–1975), links,
mit der Journalistin Louise Favier (1870–1961), rechts,
als Passagierin.
Foto: Archiv Dr. Dave Lam, Everberg, Belgien

(Puerto Rico), wo sie sich mit der Pilotin Clara Livingstone (1900–1992) traf, am 22. April in Miami (Florida) und am 25. April 1934 auf „Floyd Bennett Field" (New York). Der Rekordflug einer Frau über insgesamt 17.000 Meilen (umgerechnet rund 27.200 Kilometer) lag nun hinter ihr. Er brachte ihr 1934 die „Harmon Trophy" ein.

Während ihres Rekordfluges von 1934 galt Laura Ingalls kurze Zeit als verschollen. Sie hatte nach dem Aufenthalt in San Juan (Puerto Rico) eine Zwischenlandung auf dem „Jacksonville Municipal Airport" (Florida) einlegen wollen. Doch dort wartete man vergebens auf sie. Als sie in später in Miami landete, weigerte sie sich, zu erklären, wo sie die Nacht zuvor verbracht hatte. Die Lösung des Rätsels stand später in der in Jacksonville erscheinenden Zeitung „The Florida Times-Union": Die vermisste Fliegerin war in der kleinen Stadt Lake Butler (Florida) gelandet, hatte dort in aller Seelenruhe Roastbeef gegessen und mit einer sechsschüssigen Pistole und einem Kännchen Kaffee ohne Milch und Zucker bewaffnet einsam in der Kabine ihres Flugzeuges die Nacht verbracht. Warum sie dies tat, weiß man bis heute nicht. Vielleicht genierte sie sich, dass sie den Flugplatz in Jacksonville nicht gefunden hatte. Ihre Maschine „Lockheed Air Express" wurde 1942 in Nevada bei einem Sturm zerstört.

Gelegentlich sorgte Laura Ingalls als Autofahrerin für negative Schlagzeilen in Tageszeitungen. 1934 missachtete sie bei einer Fahrt zu einem Abendessen mit dem New Yorker Bürgermeister Fiorello Enrico „Henry" LaGuardia eine rote Ampel und fuhr weiter. Deswegen erhielt sie eine Vorladung vor Gericht, erschien aber nicht. Als sie vom Richter darauf hingewiesen wurde, das Ignorieren einer Vorladung sei eine „ernste Angelegenheit" antwortete Laura, wenn der

Fiorello Enrico „Henry" LaGuardia (1882–1947).
Bürgermeister von New York City.
Foto: Library of Congress, Prints and Photographs Division,
Washington, Digital ID cph.3c32498,
New York World-Telegram & Sun Collection.
Urheber: Fred Palumbo, World Telegram staff photographer

Polizeioffizier, der ihr die Vorladung überbracht hatte, so gut ausgesehen hätte wie der Richter, würde sie sich an die Vorladung erinnern. Wegen dieses Vorfalls erhielt sie eine Bewährungsstrafe. 1935 folgten weitere Bewährungsstrafen für den Betrieb eines Autos ohne Lizenz und unerlaubten Parkens in einem geschützten Bereich.

Den schrecklichsten Sandsturm, den Laura Ingalls je gesehen hatte, erlebte sie im April 1935 in den USA bei dem Versuch, einen Rekord bei einem Transkontinental-Flug von Ost nach West aufzustellen. Sie musste mit ihrer nagelneuen, schwarzen „Lockheed 9D Orion" zum Preis von 45.000 US-Dollar, die sie „Auto-da-Fé" („Act de faith", deutsch: „Werk des Glaubens") nannte, in Alamosa (Colorado) notlanden. Ein zweiter Versuch endete in Indianapolis mit Motorschaden.

Am 11. Juli 1935 stellte Laura Ingalls mit einem Nonstop-Ost-West-Flug vom „Floyd Bennett Field" (New York) zum „Union Air Terminal" in Burbank (Kalifornien) innerhalb 18 Stunden 19 Minuten einen Rekord für Frauen und Männer auf. Ein Frauenrekord folgte am 12. September 1935 mit einem Nonstop-Flug vom „Union Air Terminal" in Burbank (Kalifornien) zum „Floyd Bennett Field" in New York in 13 Stunden 34 Minuten. Damit brach sie den Rekord der legendären Fliegerin Amelia Earhart (1897–1937) von 19 Stunden 5 Minuten im Jahre 1932. Earhart gilt als eine fliegerische Hauptrivalin von Ingalls. Sie kehrte von einer Erdumrundung nicht mehr zurück.

Am Rumpf des Flugzeuges von Laura Ingals waren damals ihre Initiale „L" und „I" angebracht. Dabei kreuzte das „I" den Querbalken des „L". Die beiden Buchstaben wirkten wie eine „4" oder wie ein „L" mit Kreuz. Auf einigen Fotos von Ingalls ist zu erkennen, dass sie die Schnalle ihres Gürtels nicht

Amerikanische Fliegerin Amelia Earhart (1897–1937).
Foto: Library of Congress, Prints and Photographs Division,
Washington,
Reproduction Number: LC-USZ62-112514

Amerikanische Pilotin Laura Ingalls (1893–1967).
Am Rumpf ihres Flugzeuges sind ihre Initiale
„L" und „I" zu sehen.
Foto: San Diego Air and Space Museum Archive
(via Wikimedia Commons)
http://www.flickr.com/photos/sdasmarchives/4729134272

Amerikanische Fliegerin Louise Thaden (1905–1979).
Foto: Reproduktion einer Fotografie
eines unbekannten Fotografen

in der Mitte, sondern rechts trug. Das machten manche Piloten, um zu verhindern, dass der Lack ihres Flugzeuges verkratzt wurde, wenn sie sich dagegen lehnten.

1936 nahm Laura Ingalls mit ihrer „Lockheed Orion" am renommierten Flugwettrennen „Bendix Trophy Race" vom „Floyd Bennett Field" (New York) zum „Mines Field" in Los Angeles (Kalifornien) teil. Dabei erreichte sie mit 15 Stunden 39 Minuten den ehrenvollen zweiten Platz hinter Louise Thaden (1905–1979), die in einer „Beechcraft B17-R" („Staggerwing") zusammen mit ihrer Kopilotin Blanches Noyes (1900–1981) als erste Frau bei einem Flugwettrennen männliche Piloten besiegte. Das „Bendix Trophy Race" ist nach dem Sponsor Vincent Bendix (1881–1945) benannt. Es sollte der Förderung der Zuverlässigkeit, der Reichweite und der Geschwindigkeit von Landflugzeugen dienen. Erstmals wurde dieses Flugwettrennen 1931 ausgetragen. Es fand jeweils als Streckenflug zwischen zwei Städten statt. Ziel war stets Cleveland (Ohio), außer in den Jahren 1933 und 1936, in denen als Ziel Los Angeles (Kalifornien) angeflogen wurde. Nach dem „Bendix Trophy Race" verkaufte Ingalls ihre „Lockheed Orion", die nach 1937 nach Spanien exportiert und im „Spanischen Bürgerkrieg" zerstört wurde.

1938 kaufte Laura Ingalls ein Flugzeug des Typs „Ryan STA NC18901", mit dem sie in der Folgezeit auftrat. Hierüber berichtete die Zeitschrift „Popular Aviation" im Dezember 1938. Es war die letzte Maschine, die Ingalls erwarb.

In den 1930-er und 1940-er Jahren verlor die berühmte Pilotin Laura Ingalls durch ihre Sympathie und ihre Beziehungen mit Nazi-Deutschland zunehmend die Gunst der Amerikaner. Es heißt, sie habe sich in die Ideologie des nationalsozialistischen Diktators Adolf Hitler (1889–1945) und die so genannte

arische Überlegenheit regelrecht verliebt. Sie stand mit Baron
Ulrich von Gienanth (1907–1996), dem Zweiten Sekretär der
„Deutschen Botschaft" in Washington und Chef der „Ge-
heimen Staatspolizei" („Gestapo") in den USA, dem deutschen
Botschafter Hans Thomson (1891–1968) in Washington und
Fritz Wiedemann (1891–1970), dem deutschen Konsul in San
Francisco, in Verbindung.

Am 26. September 1939 „bombardierte" Laura Ingalls bei
einem zweistündigen Flug das „Weiße Haus" und das
„Capitol" in Washington mit Anti-Kriegs-Flugblättern an „alle
Mitglieder des Kongresses". Der Text auf diesen Flugblättern
war von der Filmschauspielerin und Filmproduzentin Cathrine
Curtis verfasst worden, die ab 1934 eine erfolgreiche Radio-
Show namens „Women and Money" moderierte. Curtis verriet
nichts über ihr Privatleben, vertrat feministische, antisemitische
und antikommunistische Thesen, heiratete drei Mal, wurde
drei Mal geschieden und blieb kinderlos. Ihr Geburts- und
Sterbedatum sind nicht bekannt.

Nach dem Abwurf der erwähnten Flugblätter landete Laura
Ingalls auf dem Flughafen von Washington. Dort teilten ihr
Beamte der „Civil Aeronautics Authority" („CAA") mit, sie
habe die Sperrzone des „Weißen Hauses" verletzt. Eine
Verletzung des Luftraumes über dem „Weißen Haus" und
dessen Umgebung galt damals ebenso wie heute als schwere
Straftat. Wer dies heute unternimmt, geht das Risiko ein,
abgeschossen zu werden.

Zu einer Anhörung vor dem „Senatsausschuss für Auswärtige
Politik" erschien Laura Ingalls in lederner Fliegerjacke und
Hose. Begleitet wurde sie von Cathirne Curtis, der Vor-
sitzenden des im September 1939 von ihr gegründeten
„Women's National Committee", das einen Krieg der

Vereinigten Staaten mit Deutschland ablehnte. Curtis durfte jedoch nicht an der Anhörung teilnehmen. Gegen die Anhörung hinter verschlossener Tür protestierte Ingalls, dies sei wie in einer Diktatur.

Eine lange und harte Unterredung hatte Laura Ingalls am 9. Oktober 1939 bei einem Treffen mit der „Civil Aeronautics Authority". Dabei behauptete sie, ihr Flug über dem „Weißen Haus" und „Capitol" in Washington sei aus „patriotischem Eifer" erfolgt. Weil dabei kein wirklicher Schaden entstanden sei, solle man diesen Flug als „unglücklichen Zwischenfall zu den Akten legen. Danach kam es zu einem weiteren Treffen mit der „CAA", die am 22. Dezember 1939 mitteilte, Ingalls habe „beunruhigende Mängel" bei der Kenntnis der Zivilluftraum-Ordnung. Die Fluglizenz von Ingalls wurde bis zur Klärung ihres Falles vorläufig ausgesetzt.

Laura Ingalls wurde eine Propagandistin des am 4. September 1940 gegründeten „America First Committee" („AFC"), der auf seinem Höhepunkt bis zu 800.000 Mitglieder hatte. Diese größte Organisation der so genannten US-Isolationisten wandte sich gegen eine Beteiligung der USA am „Zweiten Weltkrieg", löste sich aber einige Tage nach dem Angriff der Japaner auf Pearl Harbor (Hawaii) am 7. Dezember 1941 auf. Wenige Tage später erfolgten am 11. Dezember 1941 die Kriegserklärungen von Deutschland und Italien an die USA.

1941 hatte Laura Ingalls eine Vortragsreise für das „America First Committee" und das „Women's National Committee" in den USA unternommen. Dabei äußerte sie sich abfällig über „Amerikas lausige Demokratie" und praktizierte mit der erhobenen Hand den Hitlergruß. Im Buch „Mein Kampf" (1925) von Hitler unterstrich sie mit roter Tinte bestimmte

Passagen, die ihr wichtig erschienen. Außerdem studierte sie
andere Hitler-Pamphlete.

Die Tageszeitung „New York Times" berichtete am 19.
Dezember 1941 zum Erstaunen ihrer Leserschaft, Laura
Ingalls werde beschuldigt, eine bezahlte deutsche Spionin zu
sein. Man werfe ihr eine Verletzung des „Foreign Agents
Registration Act" von 1938 vor. John Edgar Hoover (1895–
1972), der erste Direktor des Inlandsgeheimdienstes „Federal
Bureau of Investigation" („FBI") behauptete nach der
Festnahme von Ingalls, diese habe häufige Kontakte mit
Vertretern der Regierung von Nazi-Deutschland in Washington
und erhalte ein Gehalt von einem deutschen Agenten.

Weil sie die Kaution in Höhe von 7.500 US-Dollar nicht
bezahlen konnte, brachte man Laura Ingalls in das Gefängnis
„District of Columbia jail". Drei Tage später ließ man sie bereits
wieder frei. Doch schon am Heiligen Abend las sie die
Anklageschrift. Darin stellte eine „Grand Jury" fest, Ingalls
habe Geldbeträge in unbekannter Höhe von den Deutschen
dafür erhalten, um mit ihren Reden vor verschiedenen
Organisationen die amerikanische Öffentlichkeit zugunsten
der Nationalsozialisten zu beeinflussen. Ihre Reden hätten
Zitate aus dem Buch „Mein Kampf" von Hitler enthalten, sie
habe Hitler als „wunderbaren Menschen" bezeichnet und sie
freue sich auf den Tag, an dem dessen neue Ordnung
amerikanischen Boden erreiche. Ein Zeuge berichtete, Ingalls
habe in der Öffentlichkeit einen Hakenkreuz-Anhänger
getragen. Ihre Briefe endeten teilweise mit „Heil Hitler".
Einmal schrieb sie, sie würde sich schämen, Amerikanerin zu
sein, wenn die Vereinigten Staaten in den Krieg gegen
Deutschland eintreten würden. Am 26. Dezember 1941
erfolgte eine Anhörung.

Beim Prozess vor dem „District Court" in Washington präsentierte der Ankläger M. Niel Andrews den Arzt Dr. I. Daniel Shore aus New York City, der Laura Ingalls im März 1941 operiert hatte, und Dudley Steele, den Manager des Airports von Burbank in Kalifornien, als Belastungszeugen. Beide Zeugen schilderten Ingalls übereinstimmend als glühende Anhängerin des Nationalsozialismus.

James Reilly, der Anwalt von Laura Ingalls, tischte der Jury, eine phantasievolle Geschichte auf. Er erklärte, seine kühne, ehrgeizige und egoistische Mandantin habe sich bei drei Gelegenheiten dem amerikanischen Inlandsgeheimdienst „FBI" als Gegenspionin angeboten. Da das „FBI" dies jedoch abgelehnt habe, hätte sie beschlossen, sich bei den Deutschen beliebt zu machen, deren Vertrauen zu gewinnen und wertvolle Informationen für die USA herauszufinden.

Für ihre Dienste im Sinne von Nazi-Deutschland bekam Laura Ingalls regelmäßig jeden Monat von der deutschen Botschaft in Washington 300 US-Dollar, deren Kaufkraft heute vielleicht etwa 3.000 US-Dollar entsprächen. Sie bedauerte, ihre Gegenspionage sei unvollständig und sie sei nicht in der Lage gewesen, alle wertvollen Informationen an die USA weiterzugeben.

Die Jury beim Prozess in Washington gegen Laura Ingalls bestand aus zehn Männern und zwei Frauen. Der Richter James W. Morris (1890–1960) verurteilte Ingalls am 20. Februar 1942 zu einer Gefängnisstrafe zwischen acht Monaten und zwei Jahren. Ingalls nahm dies trotzig zur Kenntnis, pochte auf ihre Gewissensfreiheit und erklärte, sie habe das Recht, sich gegen einen Krieg der USA gegen Deutschland auszusprechen.

Noch am 20. Februar 1942 kam Laura Ingalls in das Gefängnis „District of Columbia jail". Im Oktober 1942 hoffte sie

"FBI"-Chef John Edgar Hoover (1895–1972).
Foto: Library of Congresse, Prints and Photographs Division,
Washington, Digital ID ppmsc.03262,
Urheber: U.S. News & World Report

vergeblich auf eine Begnadigung und vorzeitige Entlassung. Doch der Vorsitzende des Bewährungsausschusses erklärte, die Art ihres Verbrechens und ihre schlechte Einstellung im Gefängnis ließen dies nicht als ratsam erscheinen. Laut Zeitungsberichten hatte Ingalls im Gefängnis lautstark mit Nazi-Deutschland, Hitler und dem Nationalsozialismus sympathisiert. Außerdem versuchte sie, die weißen gegen die schwarzen Gefangenen aufzuwiegeln. Nachdem weiße und schwarze Mitgefangene sie schlugen, hatte sie zwei stark geschwollene Augen, eine gebrochene Nase, gebrochene Rippen sowie Prellungen und Schnittwunden am Körper. Am 14. Juli 1943 kam Ingalls in das Frauengefängnis „West Virginia Women's Reformatory" in Alderson (West Virginia), wo sie am 5. Oktober 1943 entlassen wurde. Gefängnisaufseher in Alderson beschrieben sie als „vorbildliche Gefangene".

Auch nach ihrem 20-monatigen Aufenthalt im Gefängnis sympathisierte Laura Ingalls weiterhin offen mit Nazi-Deutschland. Aus diesem Grund sprach sie sich gegen die Invasion der Alliierten aus. Die Landung erfolgte im Wesentlichen am 6. Juni 1944 („D-Day") an der Küste der Normandie in Frankreich. Ihr jüngerer Bruder Francis Abbott Ingalls II diente wie im „Ersten Weltkrieg" auch im „Zweiten Weltkrieg" als Offizier.

Nach ihrer Freilassung aus dem Gefängnis fand Laura Ingalls nur noch schwer einen Job in den USA. Vergeblich bemühte sie sich ab Februar 1950 jahrelang um eine Begnadigung durch den amerikanischen Präsidenten Harry S. Truman (1884–1972). Bei einer Begnadigung konnte eine rechtskräftig verhängte Strafe (in Ausnahmefällen auch Maßregeln der Besserung und Sicherung) erlassen, umgewandelt, zu ermäßigt oder ausgesetzt werden. Bei ihren Bemühungen um eine

Amerikanischer Jagdflieger Edward V. Rickenbacker (1890–1973).
Foto: National Archives and Records Administration,
ARC Identifier (National Archives Identifier) 533720

Begnadigung wurde Laura unter anderem von Edward V. Rickenbacker (1890–1973), dem erfolgreichsten Jagdflieger der USA im Ersten Weltkrieg (1914-1918) und Präsidenten der Luftfahrtgesellschaft „Eastern Airlines", unterstützt. Er schrieb, Laura Ingalls, die er seit 20 Jahren durch ihre Aktivitäten in der Luftfahrt kenne, habe ihre Lektion gelernt. Als Laura im August 1950 immer noch keine Antwort vom US-Präsidenten erhalten hatte, wandte sie sich in einem dreiseitigen Brief persönlich an „FBI"-Präsident Hoover. An Hoover schickte Laura's Bruder Francis Abbott Ingalls am 20. September 1950 einen Beschwerdebrief. Er war damals Chef des „Department of Social Assistance for the Allied Military Government (British – United States Zone)". Hoover antwortete, alle Unterlagen für das Begnadigungsgesuch befänden sich nicht mehr in seiner Hand

In den letzten zwölf Jahren ihres Lebens wohnte die unverheiratete und kinderlose Laura Ingalls in einem Haus in Burbank (Kalifornien) mit der Anschrift „1027 Country Club Drive". Nach Angaben der Internetseite „Find a Grave" arbeitete sie zeitweise als Fahrlehrerin.

„A Record is Broken" hieß der Titel eines unveröffentlichten Buchmanuskripts, das Laura Ingalls verfasste. Einen Auszug daraus schickte die 70-Jährige am 30. August 1964 an Firman C. Gray in Santa Monica (Kalifornien). Gray arbeitete als Mechaniker für „Lookheed", als Ingalls 1934 ihr Flugzeug „Lookheed Orion" erhielt und war für den Service dieser Maschine zuständig. Ingalls gab Gray den Spitznamen „Alphonso", der an einem König erinnerte. In einer handschriftlichen Notiz schrieb Ingalls über ihr Manuskript: „Read this – if you will. It is not bad – but can be made much much better – Intensified and shortened and the WHY –

although that is told on other pages. The „why" a „Record
and the joy of flying for a purpose".

Am 10. Januar 1967 ist Laura Ingalls im Alter von 73 Jahren in
ihrem Haus in Burbank (Kalifornien) gestorben. Über ihre
Todesursache wurde nichts bekannt. In der in Burbank
erscheinenden Zeitung „Daily Review" war am 17. Januar 1967
ein Nachruf zu lesen. Darin würdigte man ihre großen
Verdienste und Rekordleistungen in der Luftfahrt und erwähnte
ihren 30-jährigen Aufenthalt in Kalifornien sowie ihren in
Paris lebenden Bruder und ihre Schwägerin in New York City.
Wie in manchen Biografien, in denen 1901 als ihr Geburtsjahr
angegeben wird, hieß es auch in „Daily Review", sie sei 66
Jahre alt geworden. Auf ihrem Grabstein im Friedhof
„Wiltwyck Cemetery" in Kingston (New York) steht ihr
korrektes Geburtsdatum 14. 12. 1893. In ihrem Heimatland
blieben ihr trotz ihrer großen Erfolge als Fliegerin wegen ihrer
ehemaligen Kontakte mit Nazi-Deutschland und ihrer Ver-
urteilung als Nazi-Spionin hohe Ehrungen weitgehend ver-
wehrt.

Literatur

FIND A GRAVE: Laura H. Ingalls
http://www.findagrave.com/cgi-bin/
fg.cgi?page=gr&GRid=103207439
HARGRAVE THE PIONEERS: Laura Ingalls
http://www.ctie.monash.edu.au/hargrave/ingalls.html
INTERNET ARCHIVE WAYBACKMACHINE:
Laura Ingalls (Friend of the Gray Family)
(Text von Wallace F. Gray)
https://web.archive.org/web/20091028152227/http://
www.geocities.com/~wallyg/ingalls.htm
NNDB tracking te entire world: Laura Ingalls
http://www.nndb.com/people/865/000204253/
PARDONPOWER: Laua H. Ingalls – Just One Flight Too
Many!
http://www.pardonpower.com/2010/11/laura-h-ingalls-just-
one-flight-too.html
PROBST, Ernst: Königinnen der Lüfte von A bis Z, München
2010
TALES ANECDOTES AND TRIVIA: Laura Ingalls was a
Nazi Spy
http://talesanecdotesandtrivia.blogspot.de/2013/08/laura-
ingalls-was-nazi-spy.html
WIKIPEDIA (Online-Lexikon) Laura ingalls (aviator)
http://en.wikipedia.org/wiki/Laura_Ingalls_(aviator)
WINTER, Frank H. / LINDEN, F. Robert Van der: 100 Years
of Flight: A Chronology of Aerospace History, 1903–2003,
Reston (Virginia)

Sophie Blanchard (1778–1819)
Bild: Reproduktion eines Kupferstiches von Jules Porreau
aus dem Jahre 1859, der nach ihrem Tod entstand

Frauen in der Luftfahrt

4. Juni 1784: Die französische Opernsängerin Elisabeth Thible, nach anderer Schreibweise auch Tible, fliegt in Lyon als erste Frau in einem Heißluftballon (Montgolfière) mit.

10. November 1798: Die Französin Jeanne Labrosse (1775–1845), die Ehefrau des Luftakrobaten André-Jacques Garnerin (1769–1823), unternimmt als erste Frau selbstständig einen Flug in einem Ballon.

12. Oktober 1799: Jeanne Labrosse wagt als erste Frau der Welt aus einer Höhe von rund 900 Metern einen Fallschirmsprung.

7. Juli 1819: Die erste professionelle Luftschifferin Frankreichs, Madeleine Sophie Blanchard (1778–1819), kommt in Paris bei einer Ballonfahrt als erste Frau beim Fliegen ums Leben.

Um 1850: Die französische Fallschirmspringerin Rosalie Poitevin (1819–1908) stellt in Parma (Italien) mit einem Sprung aus rund 2.000 Metern einen Frauenrekord auf, der erst 1931 von der Deutschen Lola Schröter (1906–1953) überboten wird.

4. Juli 1880: Mary Hawley Myers (1849–1932) unternimmt in Little Falls (New York) als erste Amerikanerin einen Alleinflug mit einem Ballon.

19. Juli 1893: Käthe Paulus (1868–1935) unternimmt in Nürnberg (Bayern) zusammen mit ihrem Verlobten Hermann Lattemann (1852–1894) ihren ersten Ballonflug. Sie gilt als erste Luftschifferin in Deutschland.

1893: Die Luftschifferin Käthe Paulus wird in Elberfeld bei Wuppertal die erste deutsche Fallschirmspringerin.

9. Juli 1903: Die Amerikanerin Aida de Acosta (1884–1962) unternimmt in Paris als erste Frau einen Alleinflug in einem lenkbaren Luftschiff.

1906: Die Amerikanerin E. Lillian Todd (1865–1937) entwirft und baut als erste Frau ein Flugzeug, das allerdings nie fliegt.

8. Juli 1908: Die französische Bildhauerin Thérésè Peltier (1873–1926) unternimmt in Turin (Italien) an Bord eines Doppeldeckers zusammen mit dem französischen Piloten Léon Delagrange (1873–1910) den ersten Flug mit einem weiblichen Passagier.

7. Oktober 1908: Edith Berg fliegt als erste Amerikanerin in Le Mans (Frankreich) in einem Flugzeug mit. Sie ist eine Passagierin des amerikanischen Luftpioniers Wilbur Wright (1867–1912) und die Ehefrau von Hart O. Berg, des europäischen Agenten von Wright.

26. Oktober 1909: Die Französin Marie Marvingt (1875–1963) fliegt als erste Frau mit einem Ballon von Frankreich nach England.

8. März 1910: Die französische Schauspielerin Raymonde de Laroche (1844–1919) wird die erste Pilotin der Welt.

9. April 1910: Hélène Dutrieu (1877–1961) wird die erste Pilotin in Belgien.

19. April 1910: Hélène Dutrieu fliegt als erste Frau der Welt einen Passagier.

Sommer 1910: Hilda Hewlett (1864–1943) wird Mitbegründerin der ersten Flugschule in England.

2. September 1910 (oder 6. September oder Mitte Oktober): Blanche Stuart Scott (1889–1970) wird angeblich die erste amerikanische Pilotin. Ihr Flug wird von der „Aeronautical Society of America" nicht anerkannt, weil er zufällig erfolgt.

16. September 1910: Bessica Medlar Raiche (1875–1932) wird angeblich die erste amerikanische Pilotin.

8. November 1910: Marie Marvingt wird die dritte Frau mit Pilotenlizenz in Frankreich.

1. August 1911: Harriet Quimby (1875–1912) wird die erste Amerikanerin mit Pilotenlizenz.

10. August 1911 (4. September 1911) : Lidija Swerewa (1890–1916) wird die erste Pilotin in Russland.

17. August 1911: Matilde Moissant (1878–1964) wird die zweite Amerikanerin mit Pilotenlizenz.

29. August 1911: Hilda Hewlett wird erste Britin mit Pilotenlizenz.

4. September 1911: Harriet Quimby unternimmt als erste Frau einen Nachtflug.

13. September 1911: Melli Beese-Boutard (1886–1925) legt als erste Deutsche die Pilotenprüfung ab.

10. Oktober 1911: Beatrix de Rijk (1883–1958) wird eine der ersten Pilotinnen in Holland.

Dezember 1911: Die Amerikanerinnen Harriet Quimby und Matilde Moisant (1878–1964) unternehmen als erste Pilotinnen einen Flug über Mexiko.

16. April 1912: Harriet Quimby überfliegt als erster weiblicher Pilot den Ärmelkanal (Englischer Kanal).

Juli 1912: Lilly Steinschneider (1891–1975) wird die erste Pilotin in Österreich-Ungarn.

2. September 1912: Die Französin Jeanne Pallier (1871–1939) fliegt bei ihrer Pilotenprüfung als erste Frau über Paris.

1912: Die Pilotin Ruth Law (1887–1970) fliegt als zweite Amerikanerin bei Nacht.

21. November 1912: Die russische Pilotin Ljuba Galanschikoff (1884–1968) stellt einen Höhenweltrekord für Frauen auf. Sie

erreicht mit einem geliehenen Fokker-Eindecker eine Höhe von 2.000 Metern.

5. Januar 1913: Rosina Ferrario (1888–1959) erhält als erste Pilotin in Italien vor dem Ersten Weltkrieg eine Fluglizenz.

31. Juli 1913: Die amerikanische Pilotin Alys McKey („Tiny") Bryant (1880–1954) unternimmt in Vancouver den ersten Flug einer Frau in Kanada. Ihre Flüge in Kanada waren Teil des Unterhaltungsprogramms für den Prinzen von Wales und den Herzog von York, die Vancouver und Victoria besuchen.

20. August 1913: Ljuba Galanschikoff unternimmt zusammen mit dem Piloten Léon Letort (1888–1913) den ersten Flug innerhalb eines Tages von Berlin nach Paris.

September 1913: Katherine Stinson (1891–1977) betätigt sich in Montana als erste Luftpostpilotin der USA.

1913: Hélène Dutrieu wird erstes weibliches Mitglied der „Pariser Luftwache" und schützt die französische Hauptstadt im Ersten Weltkrieg (1914–1918) vor Angriffen deutscher Flugzeuge und Militärluftschiffe.

19. Mai 1914: Die russische Pilotin Lydija Swerewa (1890–1916) fliegt in Riga (Litauen) als erste Frau einen Looping (Kunstflugfigur in senkrechter Kreisbahn).

6. Juni 1914: Else Haugk (1889–1973) wird die erste Pilotin der Schweiz.

1914: Prinzessin Eugenie Michailowna Shakhovskaya (1889–1920) wird die erste russische Militärpilotin. Sie unternimmt als Fähnrich im Dienste des Zaren etliche Aufklärungsflüge.

1915: Die Schwestern Marjorie Stinson (1896–1975 und Katherine Stinson (1891–1977) betreiben mit ihrer Mutter Emma Beaver Stinson in Texas die erste von Frauen geleitete Flugschule.

17. Januar 1915: Ruth Law (1887–1970 wagt in Daytona Beach (Florida) als erste amerikanische Pilotin einen Looping. Ihrer Landsmännin Katherine Stinson glückt dieses Kunststück am 18. Juli 1915 über dem Flugplatz „Cicero Field" in Chicago.

1915: Nahdeshda Degtera, deren Geburts- und Todesdatum unbekannt sind, ist die erste russische Pilotin, die bei einem Kampfeinsatz im Ersten Weltkrieg verwundet wird.

1916: Die Deutsche Käthe Paulus erfindet den zusammenlegbaren Fallschirm.

12. Juli 1919: Raymonde de Laroche stellt einen Höhenrekord für Frauen auf (4.800 Meter).

1919: Ruth Law befördert als erster Flieger Luftpost zu den Philippinen.

30. Mai 1920: Elsa Andersson (1897–1922) wird die erste schwedische Pilotin.

15. August 1920: Die amerikanische Pilotin Laura Bromwell (1899–1920) fliegt 87 Loopings und schafft damit einen Weltrekord.

1. April 1921: Die französische Pilotin Adrienne Bolland (1896–1975) fliegt als erste Frau über die Anden.

Mai 1921: Laura Bromwell fliegt 199 Loopings und stellt damit einen neuen Weltrekord auf.

15. Juni 1921: Die schwarze Amerikanerin Bessie Coleman (1893–1926) erhält in Frankreich ihre Fluglizenz und wird die erste afro-amerikanische Pilotin.

2. Oktober 1921: Elsa Andersson ist nach einem Absprung in Kristianstad die erste schwedische Fallschirmspringerin.

8. April 1922: Teresa de Marzo (1903–1986) wird die erste Pilotin in Brasilien.

1922: Tadashi Hyodo (1899–1980) wird die erste Pilotin in Japan.

3. September 1922: Bessie Coleman unternimmt den ersten öffentlichen Flug einer afro-amerikanischen Pilotin in den USA. Dabei springt der farbige Stuntman Hubert Fauntleroy Julian mit einem Fallschirm ab.

Oktober 1922: Lillian Gatlin aus Santa Ana (Kalifornien) wird die erste Passagierin bei einem Flug über Amerika. Sie reist von San Francisco (Kalifornien) nach Mineola (New York).

Der 2.680 Meilen-Nonstop-Flug dauert 27 Stunden 11 Minuten.

1925: Thea Rasche (1899–1971) wird erste Deutsche mit Kunstflugschein.

1925: Kwon Ki-ok (1901–1988) wird die erste Pilotin aus Korea.

1925: Lady Mary Heath (1896–1939) erhält als erste Frau in Großbritannien eine kommerzielle Fluglizenz.

28. März 1927: Millicent Maude Bryant (1878–1927) wird die erste Pilotin in Australien.

Mai 1927: Lady Mary Heath stellt mit 17.000 Fuß (umgerechnet 5.100 Meter) einen Höhen-Weltrekord für Leichtflugzeuge auf.

Ende August 1927: Prinzessin Anne Löwenstein-Wertheim (1864–1927) scheitert beim Versuch einer Atlantiküberquerung von England nach Amerika und kommt dabei ums Leben.

September 1927: Elinor Smith wird im Alter von 16 Jahren die damals jüngste Pilotin der USA.

Oktober 1927: Die Amerikanerin Ruth Elder (1902–1977) scheitert beim Versuch einer Atlantiküberquerung von England nach Amerika.

1927: Phoebe Fairgrave Omlie (1902–1975) wird die erste von der „Civil Aeronautics Administration" („CAA") zugelassene Flugzeugmechanikerin der USA.

1927: Lady Mary Heath unternimmt als erste Frau einen Alleinflug von Südafrika nach England.

1927: Die irische Pilotin Mary Bayley (1890–1960) fliegt als erste Frau über die Irische See.

Januar 1928: Ruth Rowland Nichols (1901–1960) unternimmt zusammen mit dem Piloten Harry Rogers den ersten Nonstop-Flug von New York nach Miami (Florida).

17. und 18. Juni 1928: Die amerikanische Fliegerin Amelia Earhart (1897–1937) fliegt zusammen mit dem Piloten Wilmer Stultz (1899–1929) und dem Mechaniker Louis Gordon von New York nach Paris. Sie ist die erste Frau, die an Bord eines Flugzeuges den Atlantik überquert.

27. Juli 1928. Lady Mary Heath fliegt als erste Frau der Welt ein Passagierflugzeug. Der Start erfolgt in Amsterdam (Niederlande), die Landung in Croydon (Großbritannien).

1928: Maryse Bastié (1898–1952) erwirbt als erste Französin den Führerschein für Passagierflugzeuge.

1928: Die deutsche Pilotin Marga von Etzdorf (1907–1933) wird erste Kopilotin der „Deutschen Luft Hansa" (damalige Schreibweise).

1928: Die irische Pilotin Mary Heath fliegt als erste Frau allein vom „Kap der Guten Hoffnung" (Südafrika) nach Kairo (Ägypten).

1928: Die amerikanische Pilotin Phoebe Fairgrave Omlie fliegt als erste Frau mit einem Leichtflugzeug über die Rocky Mountains.

Oktober 1928: Die deutsche Pilotin Erika Naumann stellt zusammen mit dem schweizerischen Fliegerhauptmann Wirth bei einem Flug von Böblingen (Süddeutschland) nach Wilna (Litauen) einen Weltrekord auf. Die Flugstrecke beträgt 1.305 Kilometer.

17. Dezember 1928: Die amerikanische Pilotin Marjorie Stinson wird bei der Gründungsversammlung der „Early Birds" in Chicago das erste weibliche Mitglied. Bedingung für die Aufnahme bei den „Early Birds" ist für Amerikaner, dass sie bereits vor dem Eintritt der USA in den Ersten Weltkrieg am 17. Dezember 1916 erstmals allein geflogen sind. Für Piloten aus Europa gilt der 4. August 1914 als Stichtag für die Aufnahme bei den „Early Birds".

1928/1929: Mary Bailey (1890–1960) fliegt als erste Frau allein von England nach Südafrika und wieder zurück. Hinflug vom 9. März bis 30. April 1928, Rückflug vom September 1928 bis 16. Januar 1929.

2. Januar 1929: Evelyn („Bobby") Trout unternimmt in Los Angeles (Kalifornien) als erste Frau einen Ganze-Nacht-Flug, der 12 Stunden 11 Minuten dauert.

1929: Florence „Pancho" Barnes" (1901–1975) wird die erste amerikanische Stuntpilotin. Sie wirkt in dem Film „Hells Angels" mit, der 1929 in die Kinos kommt.

1929: Phoebe Fairgrave Omlie wird die erste amerikanische Transportpilotin.

1929: Ilse Esser (1898–1994) promoviert als erste Deutsche in Luftfahrttechnik.

August 1929: Die britische Reporterin Grace Marguerite Hay Drummond-Hay (1895–1946) fliegt als erste Frau mit einem Luftschiff um die Welt. Der Flug erfolgt im deutschen Luftschiff „LZ-127 Zeppelin".

18. bis 26. August 1929: Die amerikanische Pilotin Louise Thaden (1905–1979) gewinnt das erste „Cleveland Women's Air Derby", den ersten Überlandflug-Wettbewerb für Pilotinnen, der scherzhaft als „Powder-Puff-Derby" bezeichnet wird. Der Start erfolgt in Santa Monica (Kalifornien), Ziel ist Cleveland (Ohio), gesamte Flugstrecke mehr als 2.700 Meilen (rund 4.500 Kilometer). Zweite wird Gladys O'Donnel, Dritte Amelia Earhart. Beim legendären „Powder-Puff-Derby" gehen insgesamt 20 Pilotinnen an den Start, von denen 18 aus den USA stammen: Florence („Pancho") Barnes, Marvel Crosson, Amelia Earhart, Ruth Elder, Claire Fahy, Edith Foltz, Mary Haizlip, Jessie Keith-Miller (Australien), Opal Kunz, Ruth Nichols, Blanche Noyes, Gladys O'Donnell, Phoebe Omlie, Neva Paris, Margaret Perry, Thea Rasche (Deutschland), Louise Thaden, Bobbi Trout, Mary von Mach und Vera Dawn Walker. Davon erreichen 13 Frauen das Ziel. Den scherzhaften

Begriff „Powder-Puff-Derby" („Puderquastenrennen") hat der
Komiker Will Rogers (1879–1935) geprägt. Er beruht auf dem
Kosmetik-Utensil, mit dem sich die Pilotinnen nach den
Landungen puderten.

2. November 1929: Amelia Earhart gründet zusammen mit
vier anderen bekannten Pilotinnen auf dem Flugplatz „Curtiss
Field" in Valley Stream, Long Island (New York), den „Club
der Neunundneunzig" („Ninety Nines"), der die Stellung der
Frauen in der Luftfahrt stärken soll. Einen solchen Club hatte
Clara Trenckman Studer, eine flugbegeisterte Assistentin und
Helferin ohne Pilotenschein, angeregt. Die Einladung zur
Gründungsversammlung war am 9. Oktober 1929 an 117
Pilotinnen in den USA verschickt und von Fay Gillis, Margorie
Brown, Frances Harrel und Neva Paris unterzeichnet worden.
Zur Gründungsversammlung kommen 26 Pilotinnen nach
Valley Stream, nur vier davon mit dem Flugzeug, die anderen
wegen schlechten Wetters mit dem Zug. Ein zweites Treffen
erfolgt am 14. Dezember 1929 in New York City. Dabei macht
Jean Davis Hoyt (gestorben 1988) den Vorschlag, den Club
nach der Zahl der Frauen in den USA zu benennen, die einen
Pilotenschein besitzen und Interesse an der Gründung des
Clubs zeigen. Neva Paris soll die Wahl einer Präsidentin
koordinieren, doch sie kommt Anfang 1930 bei einem
Flugzeugabsturz ums Leben. Louise Thaden fungiert als
„provisorische Präsidentin" des Clubs. Bald gehörten 99
Fliegerinnen zum Club und dessen Name steht fest. 1931 wird
Amelia Earhart zur Präsidentin gewählt und bleibt dies bis
1933. „Ninety Nines" behauptet sich bis heute und zählt
derzeit weltweit mehr als 20.000 Mitglieder.

November 1929: Die amerikanischen Pilotinnen Evelyn („Bobby") Trout (1906–2003) und Elinor Smith (geboren 1911) unternehmen den ersten Frauenflug mit Luftbetankung.

Dezember 1929: Amy Johnson (1903–1941) wird die erste Flugzeugmechanikerin in Großbritannien.

5. bis 24. Mai 1930: Die britische Pilotin Amy Johnson-Mollisson (1903–1941) fliegt als erste Frau allein von England nach Australien.

1930: Die britische Fliegerin Beryl Markham (1902–1986) wird die erste Berufspilotin Afrikas.

1930: Anne Morrow Lindbergh (1906–2001) wird die erste Segelfliegerin der USA.

6. März 1931: Ruth Rowland Nichols stellt mit 8.760,9 Metern einen Höhen-Weltrekord für Frauen auf.

13. April 1931: Ruth Rowland Nichols stellt mit 339,1 Stundenkilometern einen Geschwindigkeits-Weltrekord für Frauen auf.

1931: Leyla Mammadbeyova (1909–1989) wird die erste Pilotin in Aserbaidschan.

Juni 1931: Ruth Rowland Nichols scheitert beim Atlantiküberflug.

18. bis 29. August 1931: Die deutsche Pilotin Marga von Etzdorf (1907–1933) fliegt allein von Berlin nach Tokio.

1931: Pauline Mary Gower (1910–1947) betreibt den ersten Lufttaxidienst in Großbritannien.

1931: Die deutsche Pilotin Vera von Bissing (1906–2002) beherrscht als einzige Frau den Looping nach vorn.

1931: Die deutsche Fallschirmspringerin Lola Schröter (1906–1953) stellt mit einem Sprung aus 6.000 Metern Höhe einen Frauenrekord auf.

Oktober 1931: Hazel Ying Lee (1912–1944) erhält als eine der ersten chinesisch-amerikanischen Frauen eine Fluglizenz.

4. Dezember 1931: Die deutsche Fliegerin Elly Beinhorn (1907–2007) startet zu einem erfolgreichen Weltflug. Sie ist die erste Frau, die alle fünf Erdteile mit dem Flugzeug überfliegt.

26. Dezember 1931: Die australische Pilotin Maude Rose „Lores" Bonney (1897–1994) unternimmt den längsten Ein-Tages-Flug einer Frau von Brisbane nach Wangaratta (1.600 Kilometer).

20. Mai 1932: Die amerikanische Fliegerin Amelia Earhart fliegt mit einem einmotorigen Flugzeug als erste Frau über den Atlantik. Sie startet in Harbor Grace (Neufundland) und landet unweit von Londonderry (Nordirland).

Mai 1932: Die deutsche Schauspielerin und Pilotin Antonie Strassmann (1901–1952) fliegt an Bord des Flugschiffes „Do-X" von den USA nach Deutschland. Sie ist die erste Europäerin, die als fliegender Passagier den Atlantik überquert.

August/September 1932: Maude Rose „Lores" Bonney fliegt als erste Frau um Australien.

5. September 1932: Die amerikanische Pilotin Mary Haizlip (1910–1997) stellt in Cleveland (Ohio) mit 405,92 Stundenkilometern einen Geschwindigkeitsrekord für Frauen auf.

1932: Die Chinesin Katherine Cheung (1904–2003) wird die erste Asiatin mit Pilotenlizenz in den USA.

1932: Ruthy Tu (gestorben 1969) wird die erste Pilotin in der Chinesischen Armee.

1932: Die deutsche Pilotin Rosl Richter und ihr Ehemann unternehmen mit einem Leichtflugzeug einen Weltflug.

1932: Der Fallschirmspringerin Lola Schröter gelingt ein Rekordsprung aus 7.300 Metern Höhe.

1932: Luise Hoffmann (1910–1935) wird erste Werkspilotin in Deutschland.

1932: Phoebe Fairgrave Omlie wird die erste Regierungsbeamtin für Luftfahrt in den USA.

1932: Fay Gillis Wells (1908–2002) fliegt als erste Amerikanerin ein sowjetisches Zivilflugzeug.

10. bis 21. April 1933: Maude Rose „Lores" Bonney fliegt mit einer Maschine des Typs „Gipsy Moth" namens „My little Ship" als erste Frau von Australien nach England (Start in Brisbane, Landung in London. Flugstrecke rund 20.000 Kilometer).

1933: Freda Thompson (1909–1980) wird die erste Fluglehrerin in Australien.

28. Januar bis 25. April 1934: Die Amerikanerin Laura Ingalls (1893–1967) unternimmt als erste Frau einen Alleinflug von Nordamerika nach Südamerika.

21. März 1934: Laura Ingalls fliegt als erste Amerikanerin über die Anden.

April 1934: Die Französin Maryse Hilsz (1903–1946) fliegt als erste Frau von Paris nach Tokio und zurück.

Mai 1934: Die Neuseeländerin Jean Batten (1909–1982) unternimmt als erste Frau einen Flug von England nach Australien und zurück.

28. September bis 6. November 1934: Die australische Pilotin Freda Thompson unternimmt den ersten Alleinflug einer Frau von England nach Australien. Während dieser 39 Tage langen Flugreise muss sie 20 Tage auf ein Ersatzteil warten.

23. Oktober 1934: Die amerikanische Ballonfahrerin Jeannette Piccard (1895–1981) fliegt als erste Frau in die Stratosphäre: Sie steigt zusammen mit ihrem Ehemann Jean-Felix Picard (1884–1963) über dem Erisee in eine Höhe von 17.550 Metern auf.

31. Dezember 1934: Die Amerikanerin Helen Richey (1909–1947) wird die erste Pilotin bei einer planmäßigen Airline („Central Airlines").

Anfang 1935: Der amerikanischen Fliegerin Amelia Earhart glückt der erste Flug von Hawaii zum amerikanischen Festland. Diese Route ist länger als die Strecke von den USA nach Europa.

April 1935: Liesel Zangenmeister stellt in Rossitten (Ostpreußen) mit 12 Stunden 57 Minuten einen Dauer-Weltrekord im Segelflug auf.

1935: Amelia Earhart unternimmt als Erste einen Alleinflug von Los Angeles (Kalifornien) nach Mexico City (Mexiko), Flugzeit 13 Stunden 23 Minuten.

1935: Amelia Earhart unternimmt als Erste einen Alleinflug von Mexico City nach Newark, Flugzeit 14 Stunden 19 Minuten.

Ende 1935: Jean Batten fliegt als erste Frau von England nach Südamerika (Brasilien), Flugstrecke rund 5.000 Meilen (umgerechnet 8.000 Kilometer), Flugzeit 61 Stunden 15 Minuten

1936: Katarina Matanovic-Kulenovic (1913–2003) wird die erste kroatische Pilotin.

4. September 1936: Louise Thaden (1905–1979) und Blanche Noyes (1900–1981) besiegen als erste Frauen bei einem Flugwettrennen („Bendix Trophy Race") männliche Piloten. Sie fliegen sie von New York City nach Los Angeles in 14 Stunden 55 Minuten und stellen damit einen Weltrekord auf.

4./5. September 1936: Die englische Pilotin Beryl Markham (1902–1986) fliegt als erste Frau allein von London (England) über den Atlantik nach Nova Scotia (Kanada).

1936: Jean Batten fliegt als erste Frau über den Südatlantik.

1936: Laura Ingalls fliegt als erste Frau nonstop von der Ostküste zur Westküste der USA.

März 1937: Jean Burns wird im Alter von 17 Jahren die jüngste Pilotin in Australien.

17. Mai 1937: Die deutsche Fliegerin Hanna Reitsch (1912–1979) wird als erste Frau der Welt ehrenhalber zum Flugkapitän ernannt. Dieser Titel war sonst Flugzeugführern der „Deutschen Lufthansa" vorbehalten.

Mai 1937: Hanna Reitsch überquert als erste Pilotin der Welt im Segelflug die Alpen.

Juni 1937: Die deutsche Pilotin Eva Schmidt (1914–1945) erreicht eine Weltbestleistung im Segelflug-Streckenflug für

Frauen vom Hornberg (Schwäbische Alb) nach Plauen im Vogtland (Sachsen) und einen Dauerflug-Rekord von 14 Stunden.

Juni 1937: Inge Wetzel stellt in Rossitten (Ostpreußen) mit 18 1/2 Stunden einen Segelflug-Weltrekord im Dauerflug auf, wird aber bereits im Juli 1937 von Feodora Schmidt übertroffen.

1937: Amelia Earhart fliegt – im Rahmen ihrer Erdumrundung – als Erste vom Roten Meer nach Indien.

2. Juli 1937: Amelia Earhart und ihr Navigator Fred Noonan (1893–1937) kehren von ihrer geplanten spektakulären Erdumrundung nicht mehr zurück. Um das ungeklärte Verschwinden der Beiden im Pazifik ranken sich zahlreiche Legenden.

4. Juli 1937: Hanna Reitsch fliegt in Bremen als erste Frau einen Hubschrauber.

1937: Maude Rose „Lores" Bonney fliegt als erste Frau allein von Australien (Brisbane) nach Südafrika (Kapstadt), Flugstrecke 29.088 Kilometer.

1937: Sabiha Gökcen (1913–2001) wird die erste Kampfpilotin der Türkei. Sie fliegt Kampfeinsätze in Thrakien und in der Ägäis.

1937: Die deutsche Fliegerin Melitta Schenk Gräfin von Stauffenberg (1903–1945), geborene Melitta Schiller, besitzt als einzige Frau Deutschlands alle Flugzeugführerscheine für sämtliche Klassen von Motorflugzeugen und Segelflugzeugen sowie den Kunstflugschein.

1937: Die Argentinierin Susanna Ferrari Billinghurst (1914–1999) erwirbt als erste Frau in Südamerika einen kommerziellen Pilotenschein.

1937: Die russischen Pilotinnen Marina Raskowa (1912–1943) und Walentina Stepanowna Grisodubowa (1910–1993) stellen mit einem Nonstop-Flug über 1.443 Kilometer einen Frauenweltrekord auf.

1937: Die amerikanische Fliegerin Jacqueline Cochran (1906–1980) macht als erste Frau einen Blindflug (Instrumentenlandung).

28. Oktober 1937: Melitta Schenk Gräfin von Stauffenberg erhält – nach Hanna Reitsch – als zweite Frau der Welt den Titel „Flugkapitän".

Frühjahr 1938: Hanna Reitsch, die erste Frau mit Helikopter-Lizenz, unternimmt in der riesigen Berliner Deutschlandhalle mit einem Hubschrauber den ersten Hallenflug der Welt.

2. Juli 1938: Den russischen Pilotinnen Walentina Stepanowna Grisodubowa (1910–1993), Wera Lomako (geboren 1913), Polina Ossipenko (1907–1939) und Marina Raskowa (1912–1943) gelingt ein Weltrekord-Fernflug für Frauen von Sewastopol nach Archangelsk über eien Flugstrecke von 2.416 Kilometern.

24./25. September 1938: Marina Raskowa, Walentina Stepanowna Grisodubowa und Polina Ossipenko stellen mit einem 5.908,610 Kilometer langen Fernflug von Moskau nach Kerbi unweit des Ochotskischen Meeres einen Weltrekord für Frauen auf. Am 2. November 1938 erhalten sie für diesen Weltrekord-Fernflug als erste Frauen der sowjetischen Geschichte den Titel „Held der Sowjetunion".

1939: Willa Brown Chappell (1906–1992) wird die erste Afro-amerikanerin mit kommerzieller Pilotenlizenz in den USA

1939/1940: Beate Köstlin (1919–2001), später Beate Uhse, wirkt als erste deutsche Stuntpilotin in den Filmen „D III 88" (1939) und „Achtung, Feind hört mit" (1940) mit.

1. Juli 1941: Die Amerikanerin Jacqueline Cochran überführt als erste Frau einen Bomber über den Atlantik.

Ab 1941: Marina Raskowa und sechs andere weibliche Offiziere organisieren drei nur aus Frauen bestehende sowjetische Fliegerregimenter. Am Ende der Ausbildung werden in Engels drei Regimenter aufgestellt: das 586. Jagdfliegerregiment mit „Jak-2"-Flugzeugen, das 587. Tagbomberregiment mit „Pe-2"-Flugzeugen und das mit „U-2"-Flugzeugen ausgerüstete 588. Nachtbomberregiment („Nachthexen"). Kommandantinnen des 586. Jagdflieger-regiments sind: Lydia Litvak, Raisa Belyayeva, Tamara Pamyatnykh, Raya Surnachevskaya, Marina Kuznetsova. Kommandantinnen des 587. Tagbomberregiments sind: Kladiya Fomicheva, Marina Raskowa, Nadeshda Fedutenko.

Kommandantinnen des 588. Nachtbomberregiments sind: Yevodokya Bershanskaya, Yevgeniya Zhigulenko, Tatyana Makorova, Yevdokia Nosal, Nina Ulynenko.

Oktober 1942: Hanna Reitsch fliegt in Augsburg bei „Messerschmitt" das erste Raketenflugzeug der Welt.

21. März 1943: Cornelia Clark Fort (1919–1943) stirbt bei der Überführung einer Maschine des Typs „BT-13A" als erste Pilotin im Dienst der US-Army, als sie über Merkel, Taylor County (Texas), mit einem anderen Flugzeug zusammenstößt. An sie erinnert der 1945 nach ihr benannte „Cornelia Fort Airport" in Nashville (Tennessee).

14. Okober 1944: Die Amerikanerin Ann G. Baumgartner Carl (1918–2008) ist die erste Frau in einem Turbojet-Kampfflieger.

1948: Betty Skelton Frankman Erde (1926–2011) wird die erste US-Meisterin in Luftakrobatik.

1949: Betty Skelton Frankman Erde stellt mit 7.853 Metern einen Höhenweltrekord für Frauen auf.

16. September 1950: Nancy Bird Walton (1915–2009) gründet die australische Pilotinnenorganisation „Australian Women Pilot's Association" („AWPA")

März 1951: Die deutsche Pilotin Liesel Bach (1905–1992) fliegt als erste Frau über den Himalaja.

1951: Betty Skelton Frankman Erde stellt mit 8.850 Metern einen weiteren Höhenweltrekord für Frauen auf.

April 1953: Iris Wittig (1928–1978) fliegt zusammmen mit einem sowjetischen Instrukteur als einer der ersten Piloten in einer „MiG-15UTI", dem ersten Strahlflugzeug der „DDR".

18. Mai 1953: Die amerikanische Pilotin Jacqueline Cochran erreicht mit einem Düsenjäger des Typs „F-86 Sabre" eine Durchschnittsgeschwindigkeit von 1.042 Stundenkilometern und durchbricht dabei in Sturzflügen aus 14.000 Meter Höhe als erste Frau zwei Mal die Schallmauer.

15. August 1953: Die französische Fliegerin Jacqueline Auriol (1917–2000) durchbricht mit einem Düsenjäger des Typs „Mystère" mit einer Geschwindigkeit von 1.195 Stundenkilometern als erste Europäerin die Schallmauer (Mach1).

1960-er Jahre: Jerrie Cobb besteht als erste Amerikanerin alle drei Tests für das von Jacqueline Cochran finanzierte Programm „Mercury 13". Mit diesem privat finanzierten Programm, das nicht Teil der Astronautenrekrutierung der „NASA" ist, will man beim Wettrennen im Weltraum mit der ersten Frau im All der Sowjetunion zuvorkommen. Der Name des Projektes beruht darauf, dass von den insgesamt 20 getesteten Frauen 13 die Tests bestehen: außer Jerrie Cobb später auch Myrte Cagle, Jan Dietrich, Marion Dietrich, Wally Funk, Janey Hart, Jean Hixson, Gene Nora Stumbough, Irene Leverton, Bernice Steadman, Sarah Ratley, Jerri Truhill und Rhea Woltman. Jerry Cobb, Rhea Hurle und Wally Funk unterziehen sich in Oklahoma City noch weiteren Tests und einer psychologischen Bewertung. Wenige Tage, bevor einige Frauen sich erweiterten Tests in Pensacola (Florida) in der „Naval School of Aviation Medicine" mit Militärausrüstung und Jets unterziehen sollen, erhalten sie ein Telegramm, in dem der Abbruch des Projekts mitgeteilt wird. Die Navy ist nicht bereit, ihr Equipment für ein inoffizielles Projekt bereitzustellen. Im Mai 2007 verleiht die „University of Wisconsin-Oshkosh" den damals noch acht lebenden Frauen von „Mercury 13" Ehrendoktortitel für ihren „Pioniergeist und die Anstrengungen bei der Weiterentwicklung der Frauen-rechte".

16. Juni 1963: Die russische Kosmonautin Walentina Tereschkowa startet in Baikonur (Kasachstan) an Bord des Raumschiffes „Wostock VI" als erste Frau ins Weltall. Sie umkreist 49 Mal die Erde, bevor sie am 19. Juni 1963 in Novosivbirsk landet.

26. August 1963: Diana Barnato Walker (1918–2008) durchbricht als erste Britin die Schallmauer.

19. März bis 17. April 1964: Geraldine „Jerry" Mock fliegt als erste Amerikanerin erfolgreich um die Welt. Vor ihr hatte dies 1931 schon die deutsche Fliegerin Elly Beinhorn getan. Weil der Weltflug von Elly Beinhorn in den USA nicht allgemein bekannt ist, wird Geraldine „Jerry Mock" dort oft irrtümlich als Frau erwähnt, die als Erste um die Welt geflogen sein soll.

Juni 1966: Berta Zeron (1924–2000) wird die erste Frau in Mexiko mit einem kommerziellen Pilotenschein.

1966: Die britische Pilotin Sheila Scott (1927–1988) fliegt 50.000 Kilometer in 189 Flugstunden.

1967: Ursula Bühler-Hedinger (1943–2009) wird die erste schweizerische Linienpilotin und Jetpilotin.

28. März 1967: Fiorenza de Bernardi wird die erste Airline-Pilotin in Italien (nach eigenen Angaben die fünfte der Welt) und im selben Jahr in ihrem Heimatland auch der erste weibliche Flugkapitän.

1969: Turi Wideroe wird der erste weibliche Luftver-kehrspilot bei einer großen Fluggesellschaft in Norwegen. Sie fliegt im Dienste der „Scandinavian Airlines Systems" („SAS").

28. Juni 1971: Die amerikanische Pilotin Louise Sacchi (1913–1997) stellt bei einem Flug von New York nach London innerhalb von 17 Stunden 10 Minuten einen Geschwin-digkeitsrekord auf.

1971: Sheila Scott fliegt bei einem Langstreckenflug über 50.000 Kilometer als erste Frau mit einem Leichtflugzeug über den Nordpol.

29. Januar 1973: Emily Howell Warner wird die erste Pilotin für eine kommerzielle Airline in den USA.

22. Februar 1974: Barbara Ann Rainey (1948–1982), geborene Barbara Ann Allen, wird die erste Marinepilotin der „United States Navy".

4. Juni 1974: Sally Murphy qualifiziert sich als erste Frau als Pilotin für die „United States Army".

1974: Die Italienerin Fiorenza di Bernardi wird die erste Gletscherpilotin der Welt.

1974: Die Amerikanerin Marry Barr wird die erste Pilotin in der Forstwirtschaft („United States Forest Service") der Vereinigten Staaten.

1974: Captain Leslie F. Kenne wird die erste Frau an der Testpilotenschule der US-Luftwaffe.

1974: Wally Funk wird die erste Inspektorin der Flugsicherung innerhalb der amerikanischen Verkehrsbehörde „National Transportation Safety Board" („NTSB") in Washington D.C. Die „NTSB" befasst sich mit der Aufklärung von Unglücksfällen im Transportwesen (Eisenbahnen, Luftfahrt, Schifffahrt, Pipelines und Autobahnen). Für die Luftfahrt entspricht der Aufgabenbereich der Bundesstelle für Flugunfalluntersuchung in Deutschland.

6. Juni 1976: Emily Howell Warner wird der erste weibliche Kapitän einer US-Airline.

Ende 1976: Die deutsche Pilotin Rita Maiburg (1951–1977) wird der erste und einzige weibliche Flugkapitän im regulären

Liniendienst der westlichen Welt. Die Bulgarin Maria Atanasova kommandiert damals eine düsengetriebene Frachtmaschine, die Engländerin Yvonne Sintes ist Captain bei einer britischen Chartergesellschaft

1976: Rosemary Bryant Mariner fliegt als erste Frau ein leichtes Kampfflugzeug.

1978: Rhea Seddon (geboren 1947), Kathryn Sullivan (geboren 1951), Judith A. Resnik (1949–1986), Sally Kristen Ride (geboren 1951), Anna Lee Fisher (geboren 1949) und Shannon Lucid (geboren 1942) werden als erste Frauen in das Astronautencorps der „NASA" aufgenommen.

11. April 1980: Eleanor Conn unternimmt mit ihrem Ehemann Sidney Conn die erste Ballonfahrt über den Nordpol.

2. Juli 1980: Die Amerikanerin Lynn Rippelmeyer fliegt als erste Frau einen Jumbo-Jet „Boeing 747".

3. Dezember 1980: Die Amerikanerin Janice Brown unternimmt in der Nähe von Marana (Arizona) mit einem kleinen Solarflugzeug namens „Solar Challenger" den ersten Langstrecken-Solarflug (Flugstrecke 6 Meilen, Flugzeit 22 Minuten).

1980: Deborah Jane Lawrie wird die erste Pilotin bei einer australischen Fluggesellschaft.

14. Februar 1981: Neta Snook (1896–1991) ist mit 85 Jahren die älteste Pilotin der USA.

11. März 1981: Die Amerikanerin Doris Grove stellt mit 1.127,68 Kilometern einen Segelflug-Weltrekord auf.

17. Dezember 1982: Die amerikanische Pilotin Mary Haizlip (1910–1997) wird als erste Frau in der Luft- und Raumfahrt in die „Oklahoma Aviation and Space Hall of Fame" aufgenommen.

18. Juni 1983: Die Astronautin Sally Kristen Ride fliegt als erste Amerikanerin im Weltall.

1983: Regula Eichenberger wird die erste Linienpilotin bei einer schweizerischen Airline („Crossair").

19. Juli 1984: Die amerikanische Pilotin Lynn Rippelmeyer fliegt als erster weiblicher Kapitän mit einer „Boeing 747" über den Atlantik. Der Start erfolgt in Newark, die Landung in London-Gatwick.

19. Juli 1984: Die amerikanische Pilotin Beverly Lynn Burns fliegt als erster weibliche Kapitän mit einer „Boeing 747" über die USA. Ihr historischer Flug mit einer Maschine der Fluggesellschaft „PEOPLExpress" führt von Newark nach Los Angeles.

25. Juli 1984: Die sowjetische Kosmonautin Swetlana Sawizkaja unternimmt als erste Frau einen Spaziergang im Weltall.

11. Oktober 1984: Die Astronautin Kathryn Dwyer Sullivan unternimmt als erste Amerikanerin einen Spaziergang im All.

14. Dezember 1986: Die amerikanische Astronautin Jeana Yeaeger startet zusammen mit Dick Rutan mit einem Voyager-Flugzeug zur ersten Nonstop-Weltraumumrundung ohne Auftanken und Zwischenlanden. Sie fliegen in 9 Tagen 3 Minuten 44 Sekunden eine Strecke von insgesamt 42.120 Kilometern.

1989: Gaby Kennard fliegt als erste Australierin mit einem Flugzeug des Typs „Piper Saratoga" namens „Gerty" in 99 Tagen allein um die Welt.

1990: Allana Arnot (geboren 1967) fliegt als erste Australierin mit einem Hubschrauber um die Welt.

1990: Rosemary Bryant Mariner wird die erste Kommandantin einer operativen Fliegerstaffel in den USA.

Winter 1990: Rosella Bjornsön wird der erste weibliche Kapitän für eine kommerzielle Fluggesellschaft in Kanada.

14. Mai 1992: Die amerikanische Astronautin Kathryn Thornton unternimmt den längsten Spaziergang im Weltall. Er dauert 7 Stunden 44 Minuten.

12. bis 20. September 1992: Carol Mae Jemison fliegt mit der Raumfähre „Endeauvour" als erste afro-amerikanische Astronautin im Weltall.

1. Oktober 1992: Die Amerikanerin Victoria („Vicki") von Meter (1982–2008) erregt als jüngste Fliegerin der Welt großes Aufsehen. Sie steuert als Zehnjährige erstmals ein Flugzeug,

25. März 1993: Die Britin Barbara Hamer ist die erste Frau, die – als Erster Offizier und Kopilotin – mit einem kommerziellen Überschallflugzeug fliegt. Dies geschieht bei einem Flug mit „British Airways" auf der „Concorde" von London nach New York City.

20. bis 23. September 1993: Vicki van Meter überfliegt im Alter von elf Jahren die USA – von Augusta (Maine) nach San Diego (Kalifornien).

1993: Sarah Deal wird erster weiblicher Pilot des „United States Marine Corps".

21. April 1994: Jackie Parker qualifiziert sich als erste Pilotin für das F-16-Kampfflugzeug.

4. bis 7. Juni 1994: Vicki van Meter überfliegt im Alter von zwölf Jahren den Atlantik.

12. Juli 1994: Die elfjährige Amerikanerin Katrina Mumaw wird das „schnellste Kind der Welt": Sie bricht zusammen mit einem russischen Piloten in einem „MiG-29"-Kampfjet die Schallmauer.

1994: Kara Hultgreen (1965–1994) wird die erste Kampf- pilotin der US-Marine in einer „F-14 Tomcat".

3. Oktober 1994 bis 22. März 1995: Die Russin Elena Konda- kowa, nach anderer Schreibweise Yelena Vladimirovna Kon- dakova, unternimmt den ersten Dauerflug einer Frau im All.

3. bis 11. Februar 1995: Eileen Collins wird die erste amerikanische Raumfährenpilotin bzw. Shuttlepilotin.

1995: Martha McSally unternimmt bei der Operation „Southern Watch" als erste Pilotin der US-Luftwaffe (von Kuwait aus) Kontrollflüge in feindlichem Gebiet (Irak). Sie ist die erste Pilotin der „U.S. Air Force", die mit einem Militärflugzeug über Feindgebiet fliegt.

22. März bis 26. September 1996: Shannon Lucid wird mit einem 188 Tage langen Flug die Amerikanerin, die sich am längsten im Weltraum aufhält.

19. November 1997: Kalpana Chawla (1961–2003) unternimmt mit der amerikanischen Raumfähre „Columbia" als erste Inderin einen Flug im Weltall.

16. Dezember 1998: Kendra Williams, Leutnant bei der „United States Navy", bombardiert bei der Operation „Desert Fox" als erster weiblicher Kampfpilot der USA über dem Irak ein feindliches Ziel.

12. Januar 1999: Erstmals ist das Cockpit einer „Swissair"-Maschine ausschließlich mit Frauen besetzt: Kapitän Gabrielle Musy-Lüthi und Kopilotin Claudia Wehrli fliegen einen „Airbus A320" von Zürich-Kloten nach Paris.

23. bis 28. Juli 1999: Eileen Collins wird die erste Kommandantin einer amerikanischen Raumfähre („Space Shuttle").

Januar bis Mai 2001: Die Britin Polly Vacher unternimmt als
erste Frau mit einem Kleinflugzeug („Piper PA-28 Cherokee
Dakota G-FRGN") – über Australien – einen Flug um die
Welt.

6. Mai 2003 bis 27. April 2004: Polly Vacher fliegt von
Birmingham aus über den Nordpol, die Antarktis und alle
Erdteile. Damit wird sie die erste Frau, die allein die
Polarregionen überquert. Bei diesem Unternehmen fliegt sie
auch innerhalb von 16 Stunden von Hawaii nach Kalifornien.

Um 2005: Hanadi Zakaria al-Hindi wird der erste weibliche
Flugkapitän in Saudi-Arabien.

13. März 2006: Die amerikanische Pilotin Elizabeth A.
Okoreeh-Baah fliegt als erste Frau ein senkrecht startendes
„V-22 Osprey Tiltrotor"-Flugzeug.

2006: Nicole Malachowski wird als erste Frau bei den
„Thunderbirds", einer Kunstflugstaffel der Luftstreitkräfte der
USA, aufgenommen.

18. bis 29. September 2006: Die amerikanisch-iranische
Multimillionärin Anoushe Ansari wird der erste weibliche
Weltraumtourist, der erste weibliche Muslim und die erste
Iranerin im Weltraum. Sie startet am 18. September 2006 mit
einem Sojus-Raumschiff zur „Internationalen Raumstation"
(„ISS"), erreicht am 20. September die „ISS" und kehrt am 29.
September 2006 mit „Sojus TMA-8" zur Erde zurück.

Autor Ernst Probst
Foto: Klaus Benz, Fotograf, Mainz-Laubenheim

Der Autor

Ernst Probst, geboren am 20. Januar 1946 in Neunburg vorm Wald im bayerischen Regierungsbezirk Oberpfalz, ist Journalist und Wissenschaftsautor. Er arbeitete von 1968 bis 1971 als Redakteur bei den „Nürnberger Nachrichten", von 1971 bis 1973 in der Zentralredaktion des „Ring Nordbayerischer Tageszeitungen" in Bayreuth und von 1973 bis 2001 bei der „Allgemeinen Zeitung", Mainz. In seiner Freizeit schrieb er Artikel für die „Frankfurter Allgemeine Zeitung", „Süddeutsche Zeitung", „Die Welt", „Frankfurter Rundschau", „Neue Zürcher Zeitung", „Tages-Anzeiger", Zürich, „Salzburger Nachrichten", „Die Zeit", „Rheinischer Merkur", „Deutsches Allgemeines Sonntagsblatt", „bild der wissenschaft", „kosmos", „Deutsche Presse-Agentur" (dpa), „Associated Press" (AP) und den „Deutschen Forschungsdienst" (df). Aus seiner Feder stammen die Bücher „Deutschland in der Urzeit" (1986), „Deutschland in der Steinzeit" (1991), „Rekorde der Urzeit" (1992), „Dinosaurier in Deutschland" (1993 zusammen mit Raymund Windolf) und „Deutschland in der Bronzezeit" (1996). Ab 2000 veröffentlichte er eine 14-bändige Taschenbuchreihe über berühmte Frauen. Von 2001 bis 2006 betätigte sich Ernst Probst als Buchverleger. Bis heute schrieb er mehr als 300 Bücher, Taschenbücher und Broschüren.

Kurzbiografien von Ernst Probst über „Königinnen der Lüfte"

Aida de Acosta. Erster Alleinflug mit einem lenkbaren Luftschiff

Elsa Andersson. Die erste Pilotin aus Schweden

Jacqueline Auriol. Sie durchbrach als erste Europäerin die Schallmauer

Liesel Bach. Deutschlands erfolgreichste Kunstfliegerin

Pancho Barnes. Amerikas erste Stuntpilotin

Maryse Bastié. Die Fliegerin, die acht Weltrekorde brach

Jean Batten. Neuseelands berühmteste Pilotin

Melli Beese. Die erste Deutsche mit Pilotenlizenz

Elly Beinhorn. Deutschlands Meisterfliegerin

Vera von Bissing. Eine Kunstfliegerin der 1930-er Jahre

Sophie Blanchard. Die erste professionelle Luftschifferin

Adrienne Bolland. Die erste Frau, die über die Anden flog

Hèléne Boucher. Die französische „Wunderfliegerin"

Kalpana Chawla. Die erste Inderin im Weltall

Jacqueline Cochran. Die „schnellste Frau der Welt"

Bessie Coleman. Die erste Afro-Amerikanerin mit Pilotenschein

Eileen Collins. Die erste Raumfähren-Pilotin

Hèléne Dutrieu. Die erste Pilotin in Belgien

Amelia Earhart. Die erste Frau, die zwei Mal über den Atlantik flog

Ruth Elder. Die erste Frau, die den Flug über den Atlantik wagte

Marga von Etzdorf. Die tragische deutsche Fliegerin
Elise Garnerin. Die „Venus im Ballon"
Sabiha Gökcen. Die erste türkische Pilotin
Frances Wilson Grayson. Tragischer Flug über den Atlantik
Else Haugk. Die erste Fliegerin der Schweiz
Hilda Hewlett. Die erste britische Fliegerin
Maryse Hilsz. Die Rekordfliegerin aus Frankreich
Luise Hoffmann. Die erste deutsche Einfliegerin
Kara Spears Hultgreen. Die erste „F-14 Tomcat"-
Kampfpilotin
Laura Ingalls. Die erste Amerikanerin, die über
Südamerika flog
Carol Mae Jemison. Die erste afro-amerikanische
Astronautin
Amy Johnson-Mollison. Englands erste
Flugzeugmechanikerin
Thea Knorr. Eine frühe Fliegerin in München (zusammen
mit Josef Eimannsberger)
Raymonde de Laroche. Die erste Pilotin der Welt
Ruth Law. Erste Luftpost für die Philippinen
Anne Morrow Lindbergh. Die erste Amerikanerin
mit Segelflugschein.
Anne Löwenstein-Wertheim. Die fliegende Prinzessin
Shannon Lucid. Der längste Raumflug einer Frau
Angelika Machinek. Eine Segelfliegerin der Weltklasse
Rita Maiburg. Einer der ersten weiblichen
Linienflugkapitäne
Beryl Markham. Die erste Berufspilotin in Ostafrika
Marie Marvingt. Die „Mutter der Luftambulanz"
Christa McAuliffe. Die amerikanische Nationalheldin
Victoria van Meter. Die jüngste Fliegerin der Welt

Jerry Mock. Im Alleinflug um die Erde
Mathilde Moisant. Eine frühe Fliegerin in den USA
Käthe Paulus. Deutschlands erste Luftschifferin
Thérèse Peltier. Die erste Flugzeugpassagierin der Welt
Harriet Quimby. Die erste Amerikanerin mit Flugschein
Bessica Medlar Raiche. Eine der ersten Fliegerinnen
in den USA
Barbara Allen Rainey. Die erste Marinepilotin
der USA
Thea Rasche. The Flying Fräulein
Marina Raskowa. Eine fliegende „Heldin
der Sowjetunion"
Wilhelmine Reichard. Die erste Ballonfahrerin
in Deutschland
Hanna Reitsch. Die Pilotin der Weltklasse
Sally Kristen Ride. Die erste Amerikanerin
im Weltall
Swetlana Sawizkaja. Die erste Spaziergängerin im Weltall
Christl-Marie Schultes. Die erste Fliegerin in Bayern
Blanche Stuart Scott. Die erste Amerikanerin, die ein
Flugzeug flog
Melitta Schenk Gräfin von Stauffenberg.
Deutsche Heldin mit Gewissensbissen
Katherine Stinson und Marjorie Stinson. Die fliegenden
Schwestern
Kathryn Dwyer Sullivan. Rekordspaziergängerin
im Weltall
Walentina Tereschkowa. Die erste Frau im Kosmos
Élisabeth Thible. Die erste Passagierin einer Montgolfière
Kathryn Thornton. Berühmte Spaziergängerin
im Weltall

Sabine Trube. Die deutsche Düsenjet-Kommandantin
Beate Uhse. Deutschlands erste Stuntpilotin
Nancy Bird Walton. Australiens erste und jüngste
Verkehrspilotin

Bestellungen von Broschüren oder E-Books bei:
www.grin.com

Bücher von Ernst Probst

Christl-Marie Schultes. Die erste Fliegerin in Bayern
(zusammen mit Theo Lederer)
Frauen im Weltall
Königinnen der Lüfte
Königinnen der Lüfte von A bis Z. Biografien berühmter
Fliegerinnen, Ballonfahrerinnen, Luftschifferinnen,
Fallschirmspringerinnen und Astronautinnen
Drei Königinnen der Lüfte in Bayern. Thea Knorr –
Christl-Marie Schultes – Lisl Schwab (zusammen
mit Josef Eimannsberger)
Königinnen der Lüfte in Deutschland
Königinnen der Lüfte in Frankreich
Königinnen der Lüfte in England, Australien
und Neuseeland
Königinnen der Lüfte in Europa
Königinnen der Lüfte in Amerika
Sturzflüge für Deutschland. Kurzbiografie der Testfliegerin
Melitta Schenk Gräfin von Stauffenberg (zusammen mit
Heiko Peter Melle)
Theo Lederer. Ein Flugzeugsammler in Bayern
Tony und Bruno Werntgen. Zwei Leben für die Luftfahrt
(zusammen mit Paul Wirtz)

Bestellungen bei: www.grin.com